Andreas Schmidt

Prozessorientiertes Service Management: CobiT

GRIN - Verlag für akademische Texte

Der GRIN Verlag mit Sitz in München hat sich seit der Gründung im Jahr 1998 auf die Veröffentlichung akademischer Texte spezialisiert.

Die Verlagswebseite www.grin.com ist für Studenten, Hochschullehrer und andere Akademiker die ideale Plattform, ihre Fachtexte, Studienarbeiten, Abschlussarbeiten oder Dissertationen einem breiten Publikum zu präsentieren.

Dokument Nr. V46820 aus dem GRIN Verlagsprogramm

Andreas Schmidt

Prozessorientiertes Service Management: CobiT

GRIN Verlag

Bibliografische Information der Deutschen Nationalbibliothek: Die Deutsche Bibliothek verzeichnet diese Publikation in der Deutschen Nationalbibliografie; detaillierte bibliografische Daten sind im Internet über http://dnb.d-nb.de/ abrufbar.

1. Auflage 2005
Copyright © 2005 GRIN Verlag
http://www.grin.com/
Druck und Bindung: Books on Demand GmbH, Norderstedt Germany
ISBN 978-3-638-70792-3

Wirtschaftsinformatik

Betriebliche Kommunikationssysteme

Prozessorientiertes Service Management: CobiT

Seminararbeit D2

Vorgelegt dem Fachbereich Wirtschaftswissenschaften

der Universität Duisburg-Essen: Campus Essen

Abgegeben am: 31. Januar 2005

Wintersemester 2004/2005, 7. Studiensemester

Voraussichtlicher Studienabschluss: Sommersemester 2006

I. Inhaltsverzeichnis

II. Abbildungsverzeichnis

III. Tabellenverzeichnis

IV. Abkürzungsverzeichnis

AICPA .... American Institute of Certified Public Accountants

BS .... British Standard

CBSB .... CobiT Security Baselines

CICA .... Canadian Institute of Chartered Accountants

CISA .... Certified Information Systems Auditor

CISM .... Certified Information Systems Manager

CobiT .... Control Objectives for Information and related Technology

COSO........................ Committee of Sponsoring Organisations of the Treadway Commission

CPS........................... CobiT Control Practices

CSF........................... Critical Success Factors

DTI .... Department of Trade and Industry

EDIFACT .... Electronic Data Interchange for Administration, Commerce and Trade

ESF .... European Security Forum

FAQ........................... Frequently Asked Questions

GAO.......................... United States General Accounting Office

I4 .... International Information Integrity Institute

IBAG......................... Infosec Business Advisory Group

IFAC.......................... International Federation of Accountants

IIA .... Institute of Internal Auditors

IKS............................ Internes Kontroll System

ISACA .... Information Systems Audit and Control Association

ISACF....................... Information Systems Audit and Control Foundation

ISO............................ International Organisation for Standardisation

IT .... Information Technology

ITGI.......................... Information Technology Governance Institute

ITIL........................... Information Technology Infrastructure Library

ITSEC .... Information Technology Security Evaluation Criteria

ITSM .... Information Technology Service Management

ITSM .... HP IT Service Management

KGI........................... Key Goal Indicators

KMU .... Kleine und mittlere Unternehmen

KPI............................ Key Performance Indicators

MM........................... Maturity Model

MOF .... Microsoft Operations Framework

NIST.......................... National Institute of Standards and Technology

OECD........................ Organisation for Economic Co-operation and Development

OLA .... Operating Level Agreements

PCIE.......................... President´s Council on Integrity and Efficiency

SAS............................ Statements on Auditing Standards

SLA .... Service Level Agreement

SMSL......................... IBM Systems Management Solution Lifecycle

SOA .... Sarbanes and Oxley Act

SPICE......................... Software Process Improvement and Capability Determination

TCSEC....................... Trusted Computer System Evaluation Criteria

1 Einleitung

Im Laufe der letzten drei Jahrzehnte entwickelte sich die Unternehmenslandschaft von einer reinen Datenverarbeitung zu einer Informationsverarbeitung mit immer stärkerer Abhängigkeit von der jeweiligen Informationstechnologie (IT) und den jeweiligen Informationssysteme. IT und Informationssysteme zählen heute zu den wichtigsten Wettbewerbsfaktoren für den Unternehmenserfolg und somit für den Wettbewerbsvorteil.

Parallel zu der Entwicklung der IT wuchsen auch die jeweiligen Anforderungen an die Systeme, z. B. bezüglich der Qualität, Sicherheit, Ordnungsmäßigkeit, Wirtschaftlichkeit und Wesentlichkeit der IT-Ressourcen/IT-Prozesse an die Systeme. Diese Anforderungen waren ganz unterschiedlich ausgestaltet. Entsprechend viele Standards entwickelten sich aus den unterschiedlichen Anforderungen bzw. Vorschlägen öffentlicher oder teilweise-öffentlicher Bereiche.

Zur Schaffung eines geeigneten Kontrollumfelds für die Einhaltung der vom oberen Management definierten Geschäftsziele[1] wurde daher von der ISACA und dem ITGI das Control Objectives for Information and related Technology (CobiT)–Framework als Standard für IT-Governance. Dieser Standard dient der Kontrolle und Abschätzung der IT in Form von Best Practices [ISCH04], [ISACA01], [BRU04].

---

[1] Die Begriffe Geschäftsziel bzw. Geschäftsanforderung sollen im Verlauf synonym verwendet werden, da dies auch in der Literatur so gehandhabt wird.

2 Begrifflichkeiten

Im eigentlichen Sinne handelt es sich bei CobiT um ein Referenzmodell[2], da es als Modellmuster für eine Klasse zu modellierender Sachverhalte betrachtet werden kann. In der Literatur wird von CobiT häufig als Rahmenwerk (englisch: Framework) gesprochen, welches mehrere Modelle abdeckt und allgemeiner ist als ein Referenzmodell[3]. Die Begriffe CobiT- Framework, -Rahmenwerk, und –Referenzmodell sollen nun im Verlauf synonym verwendet werden, da auch in der Literatur häufig so verfahren wird.

2.1 IT-Governance

Aufgrund des signifikanten Potenzials der IT für den Unternehmenserfolg kann eine korrekte Ausrichtung der IT und des Wissens über IT-Risiken bzw. deren Auswirkungen, enorme Wettbewerbsvorteile bedeuten. Dies sollte der Unternehmensleitung bewusst sein [ISCH04], [ITGI03].

Definition IT-Governance: „[…] *IT Governance besteht aus Führung, Organisationsstrukturen und Prozessen, die sicherstellen, dass die IT, die Unternehmensstrategie und -ziele unterstützt werden. […] IT-Governance liegt in der Verantwortung des Vorstands und des Managements und ist ein wesentlicher Bestandteil der Unternehmensführung. […]*" [ITGI2003]

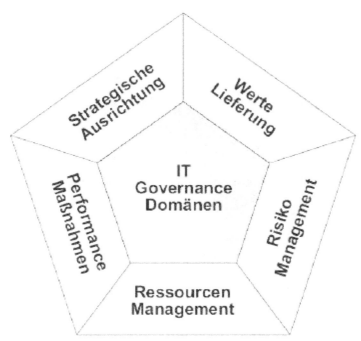

Abbildung 1: IT-Governance Domänen (in Anlehnung an [ITGI03])

---

[2] Winter,A.; Becker,K.; Bott,O. et.al.: „Referenzmodelle für die Unterstützung des Managements von Krankenhausinformationssystemen. Informatik, Biometrie und Epidemiologien in Medizin und Biologie", Band 30, Heft 4/1999, Urban und Fischer , 1999
[3] Quaterman,Wilhelm: "Unix,POSIX, Open Systems", Addison Wesley 1993 (FH PR que 95/86)

Abbildung 1 verdeutlicht die Gebiete, die mit IT-Governance abgedeckt werden sollen. Dazu zählen das Liefern von nötigen Werten, um bestimmte Aussagen treffen zu können, die strategische Ausrichtung des Unternehmens bzw. der IT, Maßnahmen zur Steigerung der Performance und das Ressourcen- und Risikomanagement.

Um die optimale Umsetzung der Unternehmensziele sicherzustellen und Strategien zur Erweiterung des Geschäftsbetriebs zu schaffen, ist es notwendig, die strategische Bedeutung der IT zu verstehen und die IT jederzeit beherrschbar zu machen. Hierbei hilft IT-Governance, indem es die Leistung und den Shareholder Value eines Unternehmens optimiert. Dies kann z. B. durch Einbezug der IT in den Geschäftsprozess, Sicherstellen der Qualität, Sicherheit der Informationssysteme und effizientes Informationsmanagement geschehen [ITGI03].

2.2 ISACA

1969 wurde die internationale Körperschaft Information Systems Audit and Control Association (ISACA) zunächst unter dem Namen EDPAA ins Leben gerufen. Sie setzte sich aus Informatik-Revisoren und anderen Spezialisten (z. B. aus den Bereichen der Informationssicherheit, Risikoabschätzung, Kontrolle, usw.) zusammen. 1994 fand schließlich die Namensänderung in ISACA statt und eine Ausrichtung der Tätigkeiten in Richtung Management und Sicherheit von Informationssystemen wurde verfolgt. Durch ihre Standardisierungsbemühungen, Forschungsarbeit, Konferenzen und ihre Ausbildungstätigkeit (zertifizierte Titel wie dem CISA oder CISM) nimmt die ISACA eine weltweit führende Rolle im Bereich des IT-Audit und der IT-Sicherheit ein. Momentan zählt die ISACA weltweit mehr als 35.000 Mitglieder (ca. 50% Anteil aus den USA und dem Rest aus Europa, Asien, Kanada, etc.; Stand 2004), verteilt in über 100 Ländern [ISCH04], [ISACA03].

Eine weitere Stärke der ISACA sind die einzelnen „Ortsverbände", sog. *Chapter*. Weltweit gibt es momentan mehr als 160 dieser *Chapter*. Ein *Chapter* hat den Vorteil, dass Mitgliedern der ISACA aufgrund der lokalen Orientierung, eine bessere Ausbildung, Zugang zu Forschungsergebnissen, verbilligter Zugang zu Produkten des ITGI, usw. garantiert wird [ISCH04], [ISACA03].

Der *Chapter Deutschland* wurde 1995 gegründet. Auf der Homepage findet man diverse Links und Veröffentlichungen rund um die ISACA, die Arbeit in Deutschland, die Vorstandmitglieder, Veranstaltungen, Infos über CISA/CISM Zertifizierung in Deutschland, u. v. m. [ISDE98]

2.3 ISACF

Speziell für die ständige Weiterentwicklung der notwendigen Praktiken, Standards, Untersuchungen von Projekten und das Herausgeben von Dokumenten zur Einführung von neuen Technologien und ihrer Anwendungen, wurde 1976 die Stiftung Information Systems Audit and Control Foundation (ISACF) an die ISACA angegliedert. ISACF betreibt in großem Umfang Forschungsbemühungen, um das Wissen und den Wert von IT-Governance und des Kontrollumfelds zu erweitern. Die ISACF entwickelte die *Control Objectives* – den Vorläufer von CobiT [ISDE98].

2.4 IT-Governance Institut

Mit der Erkenntnis über den enormen Anstieg der Bedeutung von IT wurde 1998 das IT-Governance Institut (ITGI) von der ISACA und der ISACF gegründet, um die Führungsebene der Unternehmen zu unterstützen. Das ITGI bietet jährliche Fachkonferenzen, Untersuchungen, Präsentationen und elektronische Unterlagen an, damit die Unternehmensführung die Relevanz von richtiger IT-Governance erkennt, versteht und umsetzt.

Aus den Untersuchungen entwickelte sich zusammen mit der ISACA bzw. ISACF das Primärwerkzeug CobiT für die Umsetzung von IT-Governance; ITGI vertreibt CobiT, während die eigentliche Forschungsarbeit bei der ISACF bzw. ISACA verbleibt[4] [ITGI03].

2.5 Leitsätze des Referenzmodells

Im Folgenden werden kurz einige Begriffe erläutert, die für das Verständnis des Referenzmodells relevant sind.

2.5.1 Definitionen

Controls (Kontrollen) sind diejenigen Praktiken, Verfahren, Konzepte und Organisationsstrukturen, die garantieren, dass sowohl die Geschäftsziele erreicht als auch nicht erwünschte Ereignisse verhindert, erkannt oder korrigiert werden können [ISCH04].

Control Objectives (Kontrollziele) implizieren eine Aussage über den gewünschten Zweck bzw. das Resultat, welche mittels Einsatz von Kontrollen/Kontrollverfahren in einer bestimmten Aktion erreicht werden sollen [ISCH04].

2.5.2 Geschäftsprozess

Zur Verdeutlichung des Begriffs „Geschäftsprozess" soll dieser kurz definiert werden.

---

[4] In der Literatur wird häufig nur von der ISACA/ISACF oder dem ITGI als Institution hinter CobiT gesprochen.

Es gibt mehrere Definitionen zu Geschäftsprozessen, folgende Definition (nach [SCSE04]) soll aber für das Verständnis im Verlauf der Arbeit verwendet werden:

*„ **Geschäftsprozesse** sind funktionsübergreifende Verkettungen wertschöpfender Aktivitäten, die von Kunden erwartete Leistungen erzeugen und deren Ergebnisse strategische Bedeutung für das Unternehmen haben. Sie können sich über das Unternehmen hinaus erstrecken und Aktivitäten von Kunden, Lieferanten und Partnern einbinden. "*

2.5.3 Informationskriterien

Zur Erreichung ihrer Geschäftsziele müssen die Geschäftsprozesse bestimmte Kriterien erfüllen. Die sieben Kriterien für Qualität, Ordnungsmäßigkeit und Sicherheit, mit denen CobiT arbeitet, lauten nach [ISCH04] wie folgt:

- *Effectiveness (Wirksamkeit)* bedeutet, dass die für den Geschäftsprozess relevanten Informationen rechtzeitig, korrekt, konsistent und in einer verwendbaren Form geliefert werden.

- *Efficiency (Wirschaftlichkeit)* betrifft die Bereitstellung von Informationen unter optimaler Nutzung der Ressourcen.

- *Confidentiality (Vertraulichkeit)* bezieht sich auf den Schutz von sensitiven Informationen und unerlaubter Veröffentlichung.

- *Integrity (Integrität)* steht in Zusammenhang mit der Vollständigkeit und Richtigkeit der Informationen und auch ihrer Übereinstimmung mit den betriebswirtschaftlichen Werten und Erwartungen.

- *Availabilty (Verfügbarkeit)* bezeichnet die Verfügbarkeit von Informationen, die sowohl jetzt als auch in naher Zukunft für den Geschäftsprozess benötigt werden. Zudem betrifft es den Schutz notwendiger Ressourcen und den damit zusammenhängenden Informationen.

- Bei *Compliance (Einhaltung rechtlicher Daten)* handelt es sich um die Erfüllung der Gesetze, Regularien und vertraglichen Abmachungen im Rahmen des Geschäftsprozesses, was extern auferlegte Geschäftskriterien impliziert.

- *Reliability of information (Zuverlässigkeit der Informationen)* zielt auf die Bereitstellung geeigneter Daten ab, um eine Geschäftseinheit zu führen und dem Management die Ausübung seiner Verantwortlichkeit bezüglich der finanziellen und regulativen Berichterstattung zu ermöglichen.

2.5.4 IT-Ressourcen

Gemäß CobiT basieren Geschäftsprozesse auf IT-Ressourcen. Bei CobiT sind dies Daten, Anwendungen, Technologien, Anlagen und Personal. Sie bilden zusammen die fünf

CobiT-IT-Ressourcen für Geschäftsprozesse. Die Definitionen lauten nach [ISCH04]:

- *Data (Daten)* sind Datenelemente bzw. Objekte im weitesten Sinne (also interne und externe), strukturierte bzw. nicht-strukturierte Objekte, Grafiken, Töne, etc.

- *Applikation Systems (Anwendungen)* können verstanden werden als Summe von manuellen und programmierten Prozeduren.

- *Technology (Technologien)* betrifft sowohl Hard- als auch Software, Datenbanken, Betriebssysteme, Netzwerkressourcen, etc.

- *Facilities (Anlagen)* sind alle Ressourcen, die Informationssysteme beherbergen und betreffen.

- *People (Personal)* enthält die Kenntnisse, das Bewusstsein und die Produktivität zur Planung, Organisation, Beschaffung, Absatz, Unterstützung und Überwachung sowohl von Informationssystemen als auch Informationsdienstleistungen.

Abbildung 2 zeigt den Verlauf der IT-Ressourcen bis zu den Geschäftsanforderungen einschließlich der Informationskriterien. Die IT-Ressourcen erstellen Informationen und die Geschäftsanforderungen bzw. Geschäftsprozesse erhalten diese Informationen. Die Frage die CobiT dabei versucht zu beantworten lautet, ob bzw. wie die IT-Ressourcen und Geschäftsanforderungen zusammenpassen.

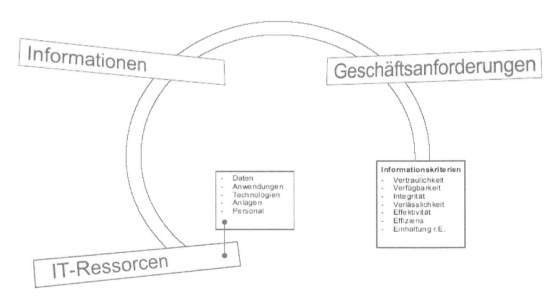

Abbildung 2: Zusammensetzung Geschäftsanforderungen (in Anlehnung an [ISACA01])

13

3 Grundlagen des Referenzmodells

3.1 Notwendigkeit

Die Erfahrung der letzten Jahre zeigt, dass die Stakeholder (Gläubiger, Investoren etc.) eines Unternehmens trotz einer Vielzahl von Gesetzestexten, Richtlinien und Standards gegen die Willkür des Managements nicht ausreichend geschützt sind. Durch den Wust an Gesetzen, Vorschriften, etc. bleiben die Geschäftsprozesse den Stakeholdern oftmals verborgen.

Die Kalkulation des Unternehmensrisikos stellt eine schwer zu bewältigende Aufgabe dar. Um das Risiko zu kalkulieren, wurden schon in den 70er und 80er Jahren verschiedene Rahmenwerke geschaffen, wie COSO[5] oder SAS[6]. Auch danach gab es viele neue, zum Teil auch internationale Gesetze, z. B. Basel II oder SOA[7], welche die Transparenz und Nachvollziehbarkeit der Geschäftsprozesse erhöhen sollten. Diese Gesetze, Richtlinien, etc. setzten sich zwar mit Kontrollmedien und den resultierenden Maßnahmen auseinander, die Relevanz der IT wurde dabei jedoch gar nicht oder nur in geringem Maße berücksichtigt. Um diese Lücken zu schließen, wurde CobiT entwickelt [BRU04].

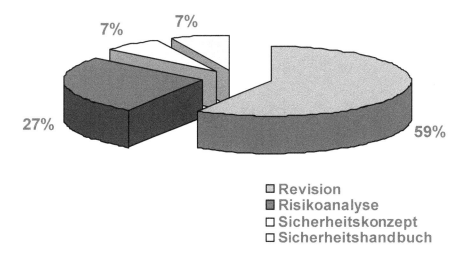

Tabelle 1: Nutzung von CobiT; Stand 1999 (in Anlehnung an [ISCH04])

Tabelle 1 unterstreicht die Relevanz von CobiT für die Kontroll- und Risikoaktivitäten. Befragt wurden die Mitglieder des Schweizer Chapters nach der Verwendung von CobiT; die Mitglieder stammen aus unterschiedlichen Branchen, überwiegend aber aus den Bereichen der Sicherheit und Revision [ISCH04].

---

[5] Committee of Sponsoring Organisations of the Treadway Commission, nähere Informationen auf http://www.coso.org/
[6] Statements on Auditing Standards, nähere Informationen auf http://www.sas70.com/
[7] Sarbanes and Oxley Act von 2002, nähere Informationen auf http://www.sarbanes-oxley.com/

3.2 Historie

Die erste Version von CobiT wurde im Sommer 1996 von der ISACF, im Auftrag der ISACA, entwickelt. In der zweiten Version von 1998 kamen eine Reihe von Quell-Dokumenten, eine Revision von „high-level" und detaillierten Kontrollobjekten hinzu. Außerdem wurde das *Implementation Tool Set*[8] zugefügt. Durch Hinzunahme eines primären Publishers des IT Governance Instituts wurden im Jahr 2000 der aktuellen, dritten Version die *Management Guidelines*[9] aufgenommen. Die Version besticht hauptsächlich durch ihren stärkeren Fokus auf IT-Governance [ISCH04], [ITA04].

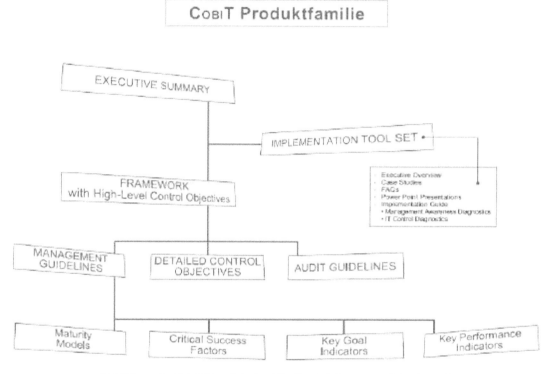

Abbildung 3: CobiT Produktfamilie (in Anlehnung an [ISACA01]

Die CobiT 3rd Edition (Abbildung 3) besteht nunmehr aus sechs Elementen (nach [ISACA01]):

- Die **Executive Summary** spiegelt kurz den CobiT-Ansatz wider.
- Das **Framework**[10] erklärt die Struktur und Idee von CobiT, beschränkt sich dabei aber auf übergeordnete Kontrollen bzw. Kontrollziele für jeden Prozess.
- Die **Control Objectives** erweitern das Framework mit 318 spezifisch detaillierten Kontrollzielen für alle IT-Prozesse.
- Die **Management Guidelines** bieten Richtlinien für das Management.

---

[8] Begriff wird in Kapitel 4.5 genauer erläutert.
[9] Begriff wird in Kapitel 4.3 genauer erläutert
[10] Aufgrund der Komplexität des Referenzmodells wurde während der Arbeit überwiegend der Teil *Framework* berücksichtigt und hier verwendet.

- Das **Implementation Tool Set** gibt Hilfestellung bei der Implementierung eines IKS mit einer Reihe von Informationen.

- Die **Audit Guidelines** geben an, wie die richtige Implementierung der Kontrollziele geprüft werden kann. Sie sind hauptsächlich an Revisoren gerichtet.

3.3 Integrierte Standards

Das Referenzmodell setzt sich nach [ISACA01] aus ca. 41 nationalen und internationalen, primären Standards zusammen, die sich auf Information und Kommunikation beziehen. Diese lassen sich unter folgende Gesichtspunkte zusammenfassen:

- Technische Standards (ISO, EDIFACT, etc.)

- Codes of conduct (OECD, ISACA, etc.)

- Qualifikationskriterien (ITSEC, TCSEC, ISO9000, SPICE, TickIT, ITIL, Common Criteria, etc.)

- Berufsstandards (COSO Report, IFAC, AICPA, IIA, ISACA, PCIE, GAO Standards, etc.)

- Industrie-Praktiken und Anforderungen: Industrie (ESF, I4, etc.) und staatlich-gesponserte Anforderungen (IBAG, NIST, DTI, etc.)

- Neu aufkommende industrie-spezifische Anforderungen aus dem Umfeld der Banken, E-Commerce und IT-Hersteller.

3.4 Zielgruppe

Neben dem oben genannten Top Management – zum Abgleich von Risiken und Kontroll-Investitionen in einer häufig nicht vorhersagbaren IT-Umwelt – ist CobiT ebenso für Anwender und Wirtschaftsprüfer geeignet.

Anwender erlangen mittels CobiT, anhand der Kontrollziele und anderer Hilfsmittel[11], Gewissheit über die Sicherheit und Kontrolle der IT-Dienstleistungen. Diese Gewissheit wird garantiert durch innerbetriebliche Zuständige oder externe Dritte. Wirtschafts- und Bilanzprüfer bekräftigen mit CobiT ihre Meinungen und/oder erteilen dem Management Ratschläge für die internen Kontrollen. Für die Gruppe der Prüfer wurden daher zusätzlich die *Audit Guidelines* geschaffen [ISACA01].

---

[11] Kontrollziele, Hilfsmittel, Dokumente, etc. für die Sicherheit und Kontrolle der IT sind in den jeweiligen Bestandteilen der CobiT-Produktfamilie enthalten

4 CobiT-Referenzmodell

4.1 Framework

CobiT unterstreicht die Relevanz von IT in Bezug auf Geschäftsprozesse. CobiT stellt ein Referenzmodell bestehend aus generell akzeptierten Kontrollzielen (*high-level Control Objectives*) als Bestandteil für ein IKS zu Verfügung, um eine ordnungsgemäße und korrekte Anwendung von IT zu gewährleisten. Das Framework integriert auf simple Weise die Kontrollanforderungen der oben genannten diversen Standards und Modelle. Konzeption, Entwicklung, Realisierung, Betreibung und Überwachung der von den Geschäftprozessen verlangten IT-Ressourcen müssen kontrolliert werden. Innerhalb der IT wurden daher für CobiT 34 IT-Prozesse[12] ermittelt, die wesentlich zum Erfolg der Geschäftsprozesse beitragen.

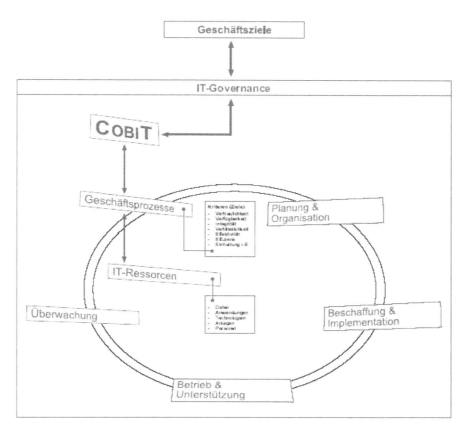

Abbildung 4: CobiT Life Cycle (in Anlehnung an [ISACA01])

Die IT-Prozesse unterliegen den IT-Ressourcen und lassen sich in vier übergeordnete *Domains* bzw. Domänen/Bereiche gruppieren. Diese Domänen - *Planning & Organisation* (Planung und Organisation), *Acquisition & Implementation* (Beschaffung und Implementierung), *Delivery & Support* (Betrieb und Unterstützung), *Monitoring* (Überwa-

---

[12] Auflistung der 34 IT-Prozesse in Kapitel 4.2, Tabelle 2

chung) - bilden den CobiT Life-Cycle (Lebenszyklus) und werden in Abbildung 4 näher erläutert.

Abbildung 5 zeigt nochmals die drei Ebenen jeweils mit beispielhaften Funktionen.

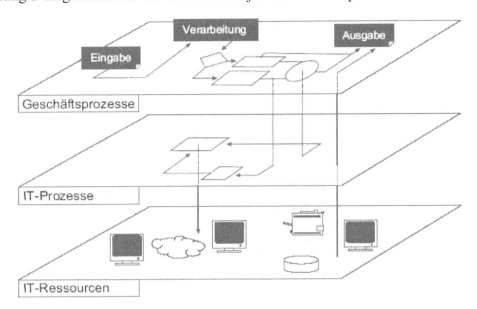

Abbildung 5: IT-Ebenen (in Anlehnung an [ISACA01])

4.1.1 Die vier Domains

4.1.1.1 Planning and Organisation (PO)

Die Planung und Organisation deckt die Strategie und Taktik ab und betrifft die Identifikation des möglichen Einsatzes der IT zur Erreichung der Geschäftsziele. Die Realisierung der strategischen Vision muss des Weiteren für unterschiedliche Aspekte geplant, besprochen und geleitet werden. Es muss schließlich eine geeignete Organisationsstruktur und Informationsinfrastruktur etabliert werden [ISACA01].

4.1.1.2 Acquisition and Implementation (AI)

IT-Lösungen müssen identifiziert, entwickelt, beschafft, implementiert und zudem in den Geschäftsprozess integriert werden, um die IT-Strategie zu verwirklichen. Zudem deckt diese *Domain* die Änderungen und die Wartung von bestehenden Systemen ab [ISACA01].

4.1.1.3 Delivery and Support (DS)

Damit ist die effektive Bereitstellung der erforderlichen Dienstleistungen angesprochen, die vom traditionellen Betrieb über Sicherheits- und Kontinuitätsaspekte bis zur Ausbildung reicht. Für den Betrieb von Dienstleistungen müssen notwendige Unterstützungsprozesse aufgebaut werden. Hierbei ist die eigentliche anwendungsbezogene Datenverarbeitung oftmals unter dem Begriff „applikationsabhängige Kontrollen" zusammengеfasst [ISACA01].

4.1.1.4 Monitoring (M)

Alle IT-Prozesse müssen regelmäßig auf ihre Qualität und das Erlangen der Kontrollziele geprüft werden. Diese *Domain* ist an die Managementaufsicht der Kontrollprozesse einer Unternehmung gerichtet und soll eine unabhängige Versicherung durch interne und externe Prüfung bzw. alternative Quellen gewährleisten [ISACA01].

4.2 Control Objectives

Zu jedem kritischen IT-Prozess wird durch das *Framework* generisch festgelegt, welche *Activities* (Kernaufgaben) definiert sein sollen. Außerdem wird festgelegt, welche Kontrollziele damit abgedeckt sein müssen. Zu jedem der 34 IT-Prozesse (siehe Tabelle 2) gibt es ca. 3-30 Kontrollziele.

Planung und Organisation (PO)	
PO1	Definition eines strategischen Plans für IT
PO2	Definition der Informationsarchitektur
PO3	Bestimmung der technologischen Richtung
PO4	Definition der IT-Organisation und ihrer Beziehungen
PO5	Verwaltung der IT-Investitionen
PO6	Kommunikation von Unternehmenszielen und -richtung
PO7	Personalwesen
PO8	Sicherstellung der Einhaltung von externen Anforderungen
PO9	Risikobeurteilung
PO10	Projektmanagement
PO11	Qualitätsmanagement
Beschaffung & Implementation (AI)	
AI1	Identifikation von automatisierten Lösungen
AI2	Beschaffung und Unterhalt von Anwendungssoftware
AI3	Beschaffung und Unterhalt der technischen Architektur
AI4	Entwicklung und Unterhalt von IT-Verfahren
AI5	Installation und Akkreditierung von Systemen
AI6	Änderungswesen
Auslieferung & Unterstützung (DS)	
DS1	Definition und Management von Dienstleistungsgraden
DS2	Handhabung der Dienste von Drittparteien
DS3	Leistungs- und Kapazitätsmanagement
DS4	Sicherstellen der kontinuierlichen Dienstleistung
DS5	Sicherstellen der Systemsicherheit
DS6	Identifizierung und Zuordnung von Kosten
DS7	Aus- und Weiterbildung von Benutzern
DS8	Unterstützung und Beratung von Kunden
DS9	Konfigurationsmanagement
DS10	Umgang mit Problemen und Zwischenfällen
DS11	Verwaltung von Daten
DS12	Verwaltung von Einrichtungen
DS13	Management der Produktion
Überwachung (M)	
M1	Überwachung der Prozesse
M2	Beurteilung der Angemessenheit der internen Kontrollen
M3	Erlangen einer unabhängigen Bestätigung
M4	Für eine unabhängige Revision sorgen

Tabelle 2: Die 34 IT-Prozesse (in Anlehnung an [ISACA01])

Insgesamt gibt es 318 Kontrollziele. Diese Kontrollziele werden in Form *von Business Requirements* (Geschäftsanforderungen) innerhalb der IT-Prozesse dargelegt. Das Erreichen dieser Geschäftsanforderungen wird durch *Control Statements* (Kontrollaussagen) ermöglicht. Diese Kontrollaussagen werden wiederum gestützt durch mögliche *Control Practices* (Kontrollpraktiken). Folgende Abbildung zeigt den groben Ablauf bei der Prüfung von IT-Prozessen.

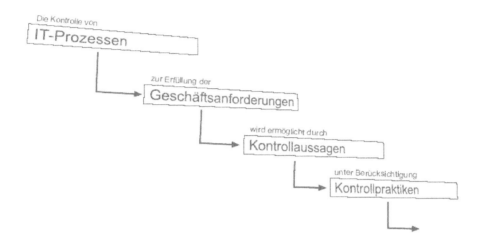

Abbildung 6: Kontrolle der IT-Prozesse (in Anlehnung an [ISACA01])

Die spezifisch detaillierten Kontrollziele beruhen auf den oben genannten Standards und Praktiken (siehe 3.3). Dadurch werden für die betriebliche Praxis allgemein bewährte und gültige Best Practices zur Verfügung gestellt, um zum gewünschten Ziel bzw. Ergebnis für IT-Kontrollen zu kommen. Für die Zielgruppe von CobiT wird durch die Kontrollziele ein funktionierendes Arbeitsinstrument in Bezug auf die Kontrolle der IT-Prozesse zur Verfügung gestellt. Abbildung 7 zeigt die komplette Einbettung der IT-Prozesse, Informationskriterien und IT-Ressourcen.

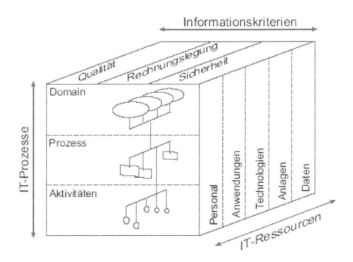

Abbildung 7: CobiT Cube (in Anlehnung an [ISACA01])

Folgende Abbildung stellt alle IT-Prozesse dar und zeigt, welcher Geschäftsprozess durch welches Kontrollziel, integriert in den jeweiligen IT-Prozess, abgedeckt wird. Zudem wird verdeutlicht, welche IT-Ressourcen davon betroffen sind.

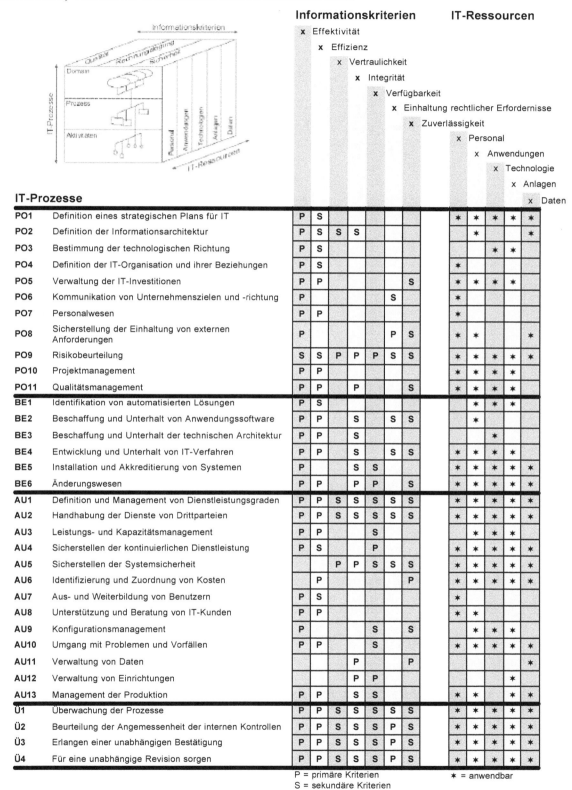

IT-Prozesse		Effektivität	Effizienz	Vertraulichkeit	Integrität	Verfügbarkeit	Einhaltung rechtlicher Erfordernisse	Zuverlässigkeit	Personal	Anwendungen	Technologie	Anlagen	Daten
PO1	Definition eines strategischen Plans für IT	P	S						*	*	*	*	*
PO2	Definition der Informationsarchitektur	P	S	S	S					*			*
PO3	Bestimmung der technologischen Richtung	P	S								*	*	
PO4	Definition der IT-Organisation und ihrer Beziehungen	P	S						*				
PO5	Verwaltung der IT-Investitionen	P	P					S	*	*	*	*	
PO6	Kommunikation von Unternehmenszielen und -richtung	P				S			*				
PO7	Personalwesen	P	P						*				
PO8	Sicherstellung der Einhaltung von externen Anforderungen	P				P	S		*	*			*
PO9	Risikobeurteilung	S	S	P	P	P	S	S	*	*	*	*	*
PO10	Projektmanagement	P	P						*	*	*	*	
PO11	Qualitätsmanagement	P	P		P			S	*	*	*	*	
BE1	Identifikation von automatisierten Lösungen	P	S						*	*	*		
BE2	Beschaffung und Unterhalt von Anwendungssoftware	P	P		S		S	S	*				
BE3	Beschaffung und Unterhalt der technischen Architektur	P	P		S						*		
BE4	Entwicklung und Unterhalt von IT-Verfahren	P	P		S		S	S	*	*	*	*	
BE5	Installation und Akkreditierung von Systemen	P			S	S			*	*	*	*	*
BE6	Änderungswesen	P	P		P	P		S	*	*	*	*	*
AU1	Definition und Management von Dienstleistungsgraden	P	P	S	S	S	S	S	*	*	*	*	*
AU2	Handhabung der Dienste von Drittparteien	P	P	S	S	S	S	S	*	*	*	*	*
AU3	Leistungs- und Kapazitätsmanagement	P	P		S				*	*	*		
AU4	Sicherstellen der kontinuierlichen Dienstleistung	P	S		P				*	*	*	*	*
AU5	Sicherstellen der Systemsicherheit			P	P	S	S	S	*	*	*	*	*
AU6	Identifizierung und Zuordnung von Kosten		P					P	*	*	*	*	*
AU7	Aus- und Weiterbildung von Benutzern	P	S						*				
AU8	Unterstützung und Beratung von IT-Kunden	P	P						*	*			
AU9	Konfigurationsmanagement	P				S		S	*	*	*		
AU10	Umgang mit Problemen und Vorfällen	P	P			S			*	*	*	*	*
AU11	Verwaltung von Daten			P			P						*
AU12	Verwaltung von Einrichtungen			P	P							*	
AU13	Management der Produktion	P	P		S	S			*	*		*	*
Ü1	Überwachung der Prozesse	P	P	S	S	S	S	S	*	*	*	*	*
Ü2	Beurteilung der Angemessenheit der internen Kontrollen	P	P	S	S	S	P	S	*	*	*	*	*
Ü3	Erlangen einer unabhängigen Bestätigung	P	P	S	S	S	P	S	*	*	*	*	*
Ü4	Für eine unabhängige Revision sorgen	P	P	S	S	S	P	S	*	*	*	*	*

P = primäre Kriterien
S = sekundäre Kriterien
* = anwendbar

Abbildung 8: Komplette Prozessdarstellung (in Anlehnung an [ISACA01])

4.2.1 Beispiel für die Prüfung eines IT-Prozesses

In Abbildung 9 wird dargestellt, wie beispielsweise der IT-Prozess DS1 („Definition und Management von Dienstleistungsgraden") kontrolliert werden kann. Tabelle 3 veranschaulicht die einzelnen Kontrollziele für den gewählten Prozess.

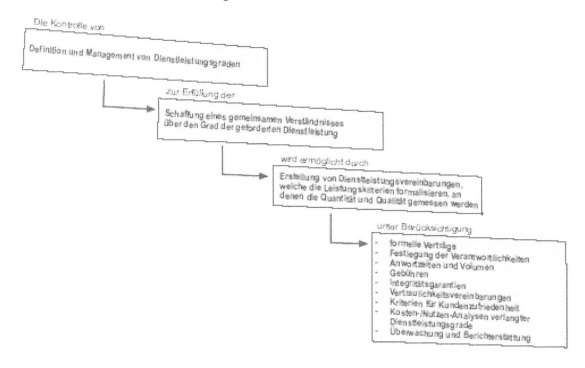

Abbildung 9: Konkretes Kontrollziel für die Domäne DS1 (in Anlehnung an [ISACA01])

4.2.2 Kontrollziele für prozessorientiertes Service Management

Die folgenden ausgewählten Kontrollziele können nach [ARPO04] beispielhaft für prozess-orientiertes Service Management betrachtet werden, da diese Prozesse sich besonders gut auf die Prozesse des de facto Standards im Bereich IT-Service Management - ITIL[13] - übertragen lassen.

- DS1: Definition und Management von Dienstleistungsgraden (Service Levels)
- DS3: Leistungs- und Kapazitätsmanagement
- DS4: Sicherstellen der kontinuierlichen Dienstleistung (continous Service)
- DS8: Unterstützung und Beratung von Kunden
- DS9: Konfigurationsmanagement
- DS10: Umgang mit Problemen und Zwischenfällen
- Ein Großteil der AI-Prozesse, speziell AI6: Änderungsmanagement

---

[13] Nähere Infos zu ITIL beispielsweise auf http://www.itil.org/

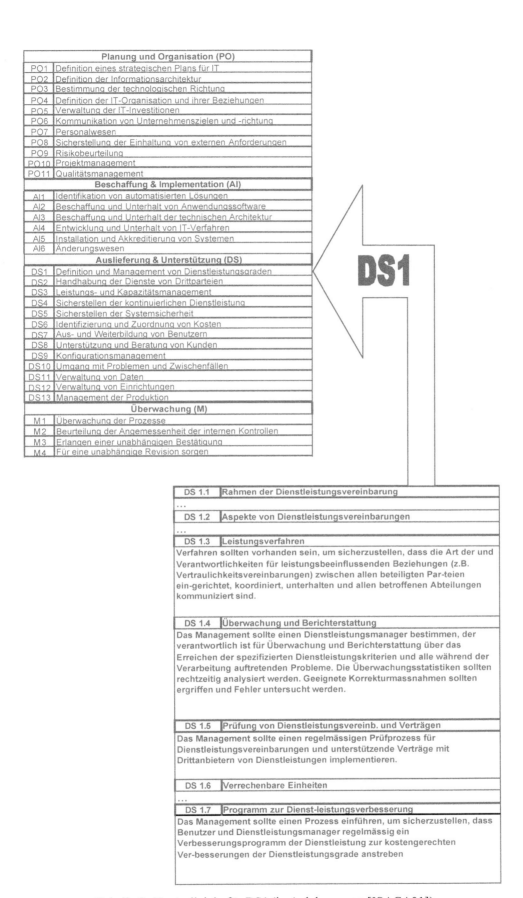

Planung und Organisation (PO)	
PO1	Definition eines strategischen Plans für IT
PO2	Definition der Informationsarchitektur
PO3	Bestimmung der technologischen Richtung
PO4	Definition der IT-Organisation und ihrer Beziehungen
PO5	Verwaltung der IT-Investitionen
PO6	Kommunikation von Unternehmenszielen und -richtung
PO7	Personalwesen
PO8	Sicherstellung der Einhaltung von externen Anforderungen
PO9	Risikobeurteilung
PO10	Projektmanagement
PO11	Qualitätsmanagement
Beschaffung & Implementation (AI)	
AI1	Identifikation von automatisierten Lösungen
AI2	Beschaffung und Unterhalt von Anwendungssoftware
AI3	Beschaffung und Unterhalt der technischen Architektur
AI4	Entwicklung und Unterhalt von IT-Verfahren
AI5	Installation und Akkreditierung von Systemen
AI6	Änderungswesen
Auslieferung & Unterstützung (DS)	
DS1	Definition und Management von Dienstleistungsgraden
DS2	Handhabung der Dienste von Drittparteien
DS3	Leistungs- und Kapazitätsmanagement
DS4	Sicherstellen der kontinuierlichen Dienstleistung
DS5	Sicherstellen der Systemsicherheit
DS6	Identifizierung und Zuordnung von Kosten
DS7	Aus- und Weiterbildung von Benutzern
DS8	Unterstützung und Beratung von Kunden
DS9	Konfigurationsmanagement
DS10	Umgang mit Problemen und Zwischenfällen
DS11	Verwaltung von Daten
DS12	Verwaltung von Einrichtungen
DS13	Management der Produktion
Überwachung (M)	
M1	Überwachung der Prozesse
M2	Beurteilung der Angemessenheit der internen Kontrollen
M3	Erlangen einer unabhängigen Bestätigung
M4	Für eine unabhängige Revision sorgen

DS1

DS 1.1	Rahmen der Dienstleistungsvereinbarung

...

DS 1.2	Aspekte von Dienstleistungsvereinbarungen

...

DS 1.3	Leistungsverfahren

Verfahren sollten vorhanden sein, um sicherzustellen, dass die Art der und Verantwortlichkeiten für leistungsbeeinflussenden Beziehungen (z.B. Vertraulichkeitsvereinbarungen) zwischen allen beteiligten Par-teien ein-gerichtet, koordiniert, unterhalten und allen betroffenen Abteilungen kommuniziert sind.

DS 1.4	Überwachung und Berichterstattung

Das Management sollte einen Dienstleistungsmanager bestimmen, der verantwortlich ist für Überwachung und Berichterstattung über das Erreichen der spezifizierten Dienstleistungskriterien und alle während der Verarbeitung auftretenden Probleme. Die Überwachungsstatistiken sollten rechtzeitig analysiert werden. Geeignete Korrekturmassnahmen sollten ergriffen und Fehler untersucht werden.

DS 1.5	Prüfung von Dienstleistungsvereinb. und Verträgen

Das Management sollte einen regelmässigen Prüfprozess für Dienstleistungsvereinbarungen und unterstützende Verträge mit Drittanbietern von Dienstleistungen implementieren.

DS 1.6	Verrechenbare Einheiten

...

DS 1.7	Programm zur Dienst-leistungsverbesserung

Das Management sollte einen Prozess einführen, um sicherzustellen, dass Benutzer und Dienstleistungsmanager regelmässig ein Verbesserungsprogramm der Dienstleistung zur kostengerechten Ver-besserungen der Dienstleistungsgrade anstreben

Tabelle 3: Kontrollziele für DS1 (in Anlehnung an [ISACA01])

4.3 Management Guidelines

Damit das Management die IT-Prozesse klar überwachen kann, wurden in der 3rd Edition die *Management Guidelines* mit *Maturity Model* (Reifegradmodell), einschließlich der *Critical Success Factors* (kritische Erfolgsfaktoren), der *Key Goal Indicators* (Kernziele) und der *Key Performance Indicators* (Leistungsindikatoren) eingeführt[14]. Ein Beispiel für CSF/KPI/KGI liefert Tabelle 5 [ISACA01].

4.3.1 Critical Success Factors (CSF)

Die CSF definieren die wichtigsten Probleme und Aufgaben des Managements, um Kontrolle über die IT-Prozesse bzw. Kontrolle innerhalb der IT-Prozesse zu erlangen. Es handelt sich dabei um Management-orientierte Implementierungsrichtlinien. Die CSF identifizieren die wichtigsten strategischen, technischen und organisatorischen Aufgaben, die vom Management wahrgenommen werden müssen.

4.3.2 Key Goal Indicators (KGI)

Von den KGI werden Maßnahmen definiert, die dem Management mitteilen, ob ein IT-Prozess seine Geschäftsanforderungen bzw. IT-Prozessziele erreicht hat. Üblicherweise werden diese in Form von Informationskriterien wie folgt formuliert:

- Verfügbarkeit von Informationen, die gebraucht werden, um die Geschäftsbedürfnisse zu unterstützen
- Mangel von Integrität und vertrauten Risiken
- Kosten-effiziente Prozesse und Tätigkeiten
- Bestätigung der Zuverlässigkeit, Wirksamkeit der Informationen und Einhaltung rechtlicher Daten

4.3.3 Key Performance Indicators (KPI)

Das Messen der Performance in den IT-Prozessen ist Bestandteil der KPI. Die KPI sind führende Indikatoren die mitteilen, inwieweit IT-Prozessziele erreicht werden können. Die KPI geben qualifizierte Auskunft über die Ressourcen, Praktiken und Fertigkeiten.

4.3.4 Maturity Models (MM)

MM sind Reifegradmodelle zur Beurteilung von Einzelprozessen, z. B. in Form von Benchmark-Vergleichen. Sie geben Auskunft darüber, wo das Unternehmen heute, in Bezug auf die eigenen IT-Prozesse und im Vergleich mit internationalen Best Practices, steht. Die Bewer-

---

[14] Die auführliche Auflistung der CSF, KGI und KPI, sowie die MM zu den einzelnen Prozessen sind in dem Teil *Management Guidelines* der CobiT-Produktfamilie enthalten, siehe beispielsweise [ISACA01].

tung reicht auf einer Skala von 0 (es fehlt ein geeigneter IT-Governance-Prozess) bis 5 (komplett optimierte Unterstützung durch IT-Governance).

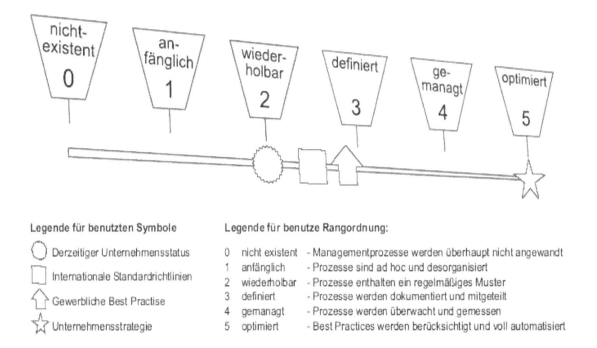

Abbildung 10: Beispiel für das MM (aus den Management Guidelines [ISACA01])

Aufgrund dieser Bemessungsgrundlage können, bei nicht vollständiger, fehlender oder vorhandener IT-Governance, strategische Entscheidungen über die Geschäftsprozesse getroffen werden, z. B. Datenmanagement verbessern oder Ablauf der Problemmanagements ändern, usw. [15]

4.3.5 Zusammenspiel der MM, CSF, KGI und KPI

Die CSF, KGI und KPI sind kurz fokussierte Messfaktoren, um die Kontrollziele des Frameworks zu ergänzen. Die IT veranlasst das Unternehmen mittels der KGI die Informationen und Informationskriterien zu liefern. Die Informationskriterien werden durch die KGI messbar. Der Geschäftswert, geliefert durch die IT, wird durch die CSF betrachtet, die die IT-Ressourcen in Schwung setzen und durch die KPM gemessen werden. Durch Konsolidierung der Daten kann der Reifegrad eines Prozesses, in Form eines MM, bestimmt werden und anschließend können strategische Entscheidungen getroffen werden.

---

[15] Strategische Entscheidungen über die Geschäftsprozesse können beispielsweise aufgrund der Reifegrade der jeweiligen IT-Prozesse aus den *Management Guidelines* getroffen werden.

4.4 Audit Guidelines

Für die Gruppe der Revisoren, der internen und externen Prüfung, etc. wurden die *Audit Guidelines* geschaffen. Folgende Aspekte müssen bei der Prozessprüfung berücksichtigt werden und sind in den *Audit Guidelines* enthalten:

- Es soll ein Überblick über das Verständnis von Geschäftsbedürfnissen, zugehörigen Risiken und relevanten Kontrollmaßnahmen geschaffen werden. Dabei ist der Blick auf die Organisationsstruktur, Zuständigkeiten, gesetzliche Vorschriften, vorhandene Kontrollmaßnahmen, u. v. m. erforderlich.

- Die festgesetzten Kontrollmaßnahmen müssen auf ihre Angemessenheit hin bewertet werden. Dabei müssen die dokumentierten Prozesse überprüft und angemessene Ergebnisse geschaffen werden.

- Die Einhaltung der Kontrollen muss beurteilt werden; dies geschieht durch Testen der festgesetzten Kontrollen in Hinsicht darauf, ob sie so arbeiten wie vorgeschrieben, sowie auf die Frage hin, ob sie konsistent und andauernd sind. Das soll garantieren, dass ein IT-Prozess angemessen arbeiten kann.

- Schließlich muss der Risikograd der Kontrollziele begründet werden. Kontrollschwächen sowie aktuelle und potenzielle Bedrohungen sollen festgestellt werden.

Mittels dieser Punkte sollen begründete Vorschläge auf interne Kontrollen für das Management geschaffen und die Frage beantwortet werden, welche Mindest-Kontrollen notwendig sind [ISACA01], [ISCH04].

4.5 Implementation Tool Set

Dieser Teil enthält Managementerkenntnisse und IT-Kontroll Diagnosen, einen Leitfaden zur Einführung von CobiT, FAQs und Case Studies von CobiT-verwendenden Unternehmen. Dieses Werkzeug wurde auf Grundlage der Lessons Learned schneller und erfolgreicher Unternehmen, die CobiT in ihre Arbeitsumgebung eingeführt haben, entwickelt, um die Einführung von CobiT zu erleichtern [ISACA01].

4.6 Vergleich CobiT <-> ITIL

ITIL ist, wie bereits erwähnt, der de facto Standard im Bereich des IT-Service Management und daher am besten dazu geeignet, einen Vergleich gegenüber CobiT mit Blick auf die Eignung im Bereich des prozessorientierten Service Management zu vollziehen. Tabelle 4 stellt die beiden Rahmenwerke anhand einzelner, ausgewählter Kriterien gegenüber.

	CobiT	**ITIL**
Primärer Fokus	IT-Governance	IT-Service Management
Beschreibung der Werke	Sammlung von Veröffentlichungen, klassifiziert als Best Practices für IT-Kontrollen und IT-Governance	Sammlung von Büchern, auf die als Best Practices für IT-Service Management verwiesen wird
Herausgeber	IT-Governance Institut	British Office of Government Commerce
Land	US	UK
Ziel	IT-Kontrollziele für den alltäglichen Gebrauch	Anbieterunabhängiger Ansatz für Service Management
Zielgruppe	Management, Anwender und Auditoren	Personen, die für IT-Service Management verantwortlich sind
Letzte Überarbeitung	2000	2003
Verfügbare Zertifizierung	Keine	Zertifizierung von Personal, nicht von Organisationen, Prozessen oder Produkten
Geografischer Fokus	Weltweit mit lokalen Versionen (Chapters)	Weltweit
Beschaffung des Werks	Freier elektronischer Download und Online-Erwerb von gedruckten und elektronischen Versionen	Online-Erwerb von gedruckten und elektronischen Versionen
Detaillierungsgrad	Hoch	Hoch
Instrumente	Nein	Ja
Rollen/Verantwortlichkeiten	Hinweise	Ja
Erfolgsfaktoren	Ja	Hinweise
Effektivitätskennzahlen	Ja	Hinweise
Implementierungshinweise	Ja	Ja
Klarheit/Einfachheit	Ja	Nein
Flexibilität	Ja	Ja
Weiterentwicklung	Ja	Ja
Verbreitung und Nutzung	Mittel	Hoch
Gruppen/Domänen	4 (Planning & Organisation, Acquistion & Implementation, Delivery & Support, Monitoring)	5 (Service Support, Service Delivery, Infrastructure Management, Application Management, Security Management)
Reifgradmodelle	Ja	Ja
Scorecard	Ja	SLA
Risikomanagementlösung	Risikokriterien	Nein
Interne Kontrolllösung	Control Framework	Nein
Strategie Anpassungslösung	Balanced Scorecard	Nein
Wertelieferung/ROI	Balanced Scorecard	Operationelle Tauglichkeit
Prozesstauglichkeit	Reifegradmodell	Reifegradmodell
Performance Maßnahmen	Balanced Scorecard mit KPI & KGI	Limitierte KPI
Performancebeschreibung	Balanced Scorecard	SLA basiert

Tabelle 4: Unterschiede CobiT <->ITIL (in Anlehnung an div. Autoren)

Die beiden Werke existieren in einer komplementären Beziehung und beide Rahmenwerke sind konsistent. CobiT bietet ein übergeordnetes Rahmenwerk, das alle IT-Aktivitäten abdeckt und auf IT-Governance fokussiert ist. ITIL dagegen ist überwiegend auf IT-Service Management fokussiert; in CobiT entspricht dies der Domäne Delivery & Support (Betrieb & Unterstützung). ITIL ist in diesem Bereich viel detaillierter und prozessorientierter als CobiT. Die DS-Prozesse und auch weitere, z. B. der *Domain* AI, passen sehr gut in einen oder mehrere ITIL-Prozesse, wie Service Level, Konfiguration, Problemmanagement, Finanzmanagement, etc. (siehe folgende Abbildung).

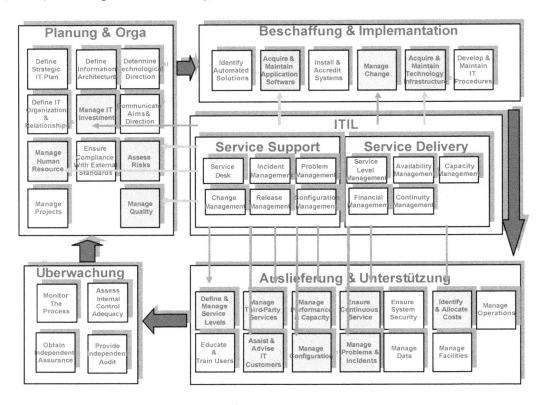

Abbildung 11: ITIL <-> CobiT Prozessübertragung (in Anlehnung an [CAM02])

CobiT hilft beim Verknüpfen von ITIL Best Practices zu eigentlichen Geschäftsanforderungen und IT-Prozess Eigentümern.

Die ISACA achtet darauf, dass CobiT immer konform zu ITIL ist, daher werden viele Prozesse in ITIL mit abgedeckt. CobiT und ITIL, sowie andere Verfahren (z. B. ISO 17799 für IT-Sicherheit) bieten zusammen ein breiteres Spektrum an Best Practices. Beides sind keine Managementmethoden, die binnen kürzester Zeit und ohne großen Aufwand, die Managementprobleme lösen. Beide decken große, aber unterschiedliche Bereiche der IT ab. ITIL wird vorgeworfen, es lasse beispielsweise den Datenmanagementcharakter außer Acht und betrachte ihn nur teilweise, dieser wird aber von CobiT berücksichtigt. CobiT ist zudem gut geeignet für Unternehmen, die planen ITIL einzuführen oder es bereits implementiert haben.

„[…]*Enterprises that wish to put their ITIL program into the context of a wider control and governance framework should use CobiT*[…]" [ARPO04].

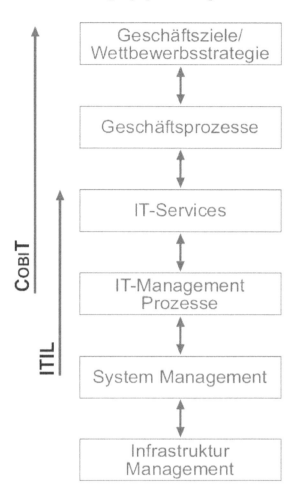

Abbildung 12: Abdeckung der Ebenen durch CobiT/ITIL (in Anlehnung an [BAAD04])

4.7 Einordnung in IT-Risikomanagement

Bei CobiT handelt es sich unter anderem um ein Referenzmodell im Rahmen des Risikomanagements, das als Instrument für Risikoanalysen eingesetzt wird (siehe Tabelle 1). Es ist aber kein klassisches Werk zur Risikoeinschätzung, z. B. Messung spezifischer Unternehmensrisiken. Die Messung von Abweichungen implementierter Maßnahmen von einem anerkannten Standard trifft eher auf CobiT zu.

CobiT hilft wenig oder gar nicht bei der Risikoquantifizierung [ISCH04]. Zur eigentlichen Risikoanalyse gibt es daher andere Standards bzw. Modelle, die geeigneter sind. Dazu gehört das COSO Enterprise Risk Management Framework [BGSZ04], welches aber mit CobiT kombiniert werden kann. Der Prozess, den das Risikomanagement hauptsächlich umschreibt, ist der Planungs- & Organisationsdomäne unterstellt. Das Kontrollziel PO9 (Risikobeurteilung) und große Teile der anderen Prozesse liegen in der Hand des Risikomanagement.

Control Objectives	CSF	KPI / KGI
1. Beurteilung der Geschäftsrisiken	1. Klare Rollen und Verantwortlichkeiten im Risikomanagement	1. Meetings zum Thema Risikomanagement
2. Vorgehen zur Risikobeurteilung	2. Richtlinie zu Risikolimits und –toleranz (niedrig, mittel, hoch)	2. der Projekte zur Verbesserung Risikomanagement
3. Risikoidentifikation	3. Strukturierte Information über Risiken verfügbar, einschl. vergangene Ereignisse	3. Höhe des Budgets für Risikomanagement
4. Risikoabmessung		4. Anzahl von Vorfällen zu bekannten Risiken
5. Risikoaktionsplan		5. Anzahl von Risiken, denen bewusst begegnet werden kann
6. Risikoakzeptanz		6. Verlauf der KPI & KGI über der Zeit
7. Auswahl der Sicherheitsvorkehrungen		
8. Verpflichtung zur Risikobeurteilung		

Tabelle 5: CSF, KPI, KGI zu Risikomanagement (in Anlehnung an [BAME03])

30

5 Projektartige Einführung von CobiT

5.1 Implementierung von IT-Governance mittels CobiT

Will man IT-Governance in Form von CobiT in seinem Unternehmen implementieren, so ist dies sorgfältig und mit großer Disziplin zu planen. Viele Faktoren müssen berücksichtigt werden. Dies beginnt schon bei der Größe und Branche des Unternehmens. Weitere Punkte sind die beteiligten IT-Ressourcen, die IT-Infrastruktur, die gesetzlichen Regelungen, die Kosten, die Unternehmensstruktur, -kultur, usw. Eine Einführung kann auf verschiedene Weise geschehen. Die ISACA bzw. das ITGI bieten hierbei auch verschiedene Hilfsmittel an. Eine Einführung von CobiT in Form eines Projektes ist aber allgemein üblich und wegen der Komplexität der Realität auch der beste Weg. Wichtig dabei sind die Projekterfahrung und das Wissen um die unternehmerische Wertschöpfungskette. Hinzu kommen gesetzliche Rahmenbedingungen rund um IT-Governance, die berücksichtigt werden müssen.

5.2 Projekt-Roadmap

Das Ziel ist die Erreichung einer bestimmten Prozessreife. Es sollen Rahmenbedingungen zur kontinuierlichen Verbesserung geschaffen werden – ein weiteres integrales Merkmal von CobiT. Eine grobe Struktur, untergliedert in einzelne Phasen, zeigt folgende Abbildung:

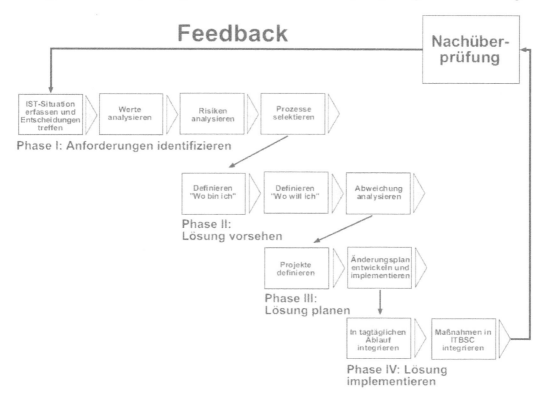

Abbildung 13: Projektablauf bei der Einführung von CobiT (in Anlehnung an [KOR04])

Während der kompletten Umsetzung der einzelnen Phasen (nach [KOR04] und [BRU04]) muss der IST- mit dem SOLL-Zustand abgeglichen werden. Am Ende jeder Phase sollte eine Nachprüfung stattfinden. Eventuell müssen Phasen wiederholt oder neu durchlaufen werden.

Vom ITGI werden diverse Hilfsmittel auf Basis von CobiT zur Verfügung gestellt, die die Durchführung erleichtern. Dazu gehören das *IT Governance Implementation Guide*, das *Implementation Tool Set*, die *Management Guidelines*, die *Control Objectives*, die *Control Practices*, etc.

5.2.1 Phase I: Anforderungen identifizieren

Zu Beginn ist eine konsequente Analyse des IST-Zustands über die unternehmerischen Prozesse, IT-Infrastruktur, Rahmenbedingungen, etc. vorzunehmen. Dies kann z. B. anhand einer zuvor erstellten Checkliste zum IST-Profil mit unternehmensspezifischen Anforderungen oder einer SWOT-Analyse[16] erfolgen. Ist dies geschehen, so ist mit den einzelnen Fachbereichen, den Projekt- und Budgetverantwortlichen ein SOLL-Konzept zu skizzieren, abzustimmen und anschließend zu definieren. Dabei ist die Kompatibilität zu anderen IT-Governance Initiativen (wie ISO, BS, NIST, ITSEC, etc.) oder anderen Best Practices (besonders ITIL) zu berücksichtigen. Mögliche Überschneidungen, Schnittstellen oder Konflikte mit den Standards bzw. Praktiken sollten analysiert werden, da sie die Einführung von CobiT vereinfachen können.

Zusätzlich müssen potenzielle Risiken analysiert, gefiltert, verstanden und eventuell entfernt, sowie die Frage beantwortet werden, wie sie die IT-Ziele beeinflussen können. Zudem müssen die IT-Prozesse identifiziert werden, die eingeführt oder verbessert werden sollen.

5.2.2 Phase II: Eine Lösung vorsehen

Besteht ein Überblick über die Rahmenbedingungen, muss anschließend definiert werden, in welchem Umfang CobiT implementiert werden soll. Darunter fallen Personen, Kosten, Nutzen, Verfügbarkeit von Ressourcen, u. v. m.

Die Reife (Ausgangszustand) der ausgewählten IT-Prozesse muss beurteilt und angemessene Zielreifegrade sollten festgelegt werden. Ziele sollten von oben nach unten definiert sein. Ausgehend von den festgelegten Reifegraden und dem Stand des momentanen Reifegrads muss versucht werden, diese Lücken durch Verbesserungsmöglichkeiten zu schließen.

---

[16] SWOT= Strength, Weaknesses, Opportunities, Treads. Bei einer SWOT-Analyse handelt es sich um ein Werkzeug, um Stärken, Schwächen, Risiken und Chancen z. B. eines Unternehmens zu analysieren und daraus strategische Entscheidungen treffen zu können, siehe beispielsweise http://www.quickmba.com/strategy/

5.2.3 Phase III: Eine Lösung planen

Daraufhin erfolgt die eigentliche Projektplanung mit den Maßnahmen, durch die das Projekt zu verwirklichen ist. In dieser Phase werden umsetzbare Verbesserungsansätze identifiziert und in die eigentlichen, gerechtfertigten Projekte übersetzt.

Nachdem die Projekte genehmigt und definiert wurden, sollten diese in eine allgemeine Verbesserungsstrategie in Form eines detaillierten Plans integriert werden. Es sollten z. B. klare Meilensteile gesetzt und Short Wins bzw. Quick Hits[17] eingeplant werden. Abschließend, nachdem nun ein Änderungsentwurf entwickelt und implementiert wurde, folgt die finale Phase.

5.2.4 Phase IV: Eine Lösung implementieren

Die Lösung sollte umgesetzt werden. Die Maßnahmen können in Form von IT Balanced Scorecards[18] integriert werden. Eine ordnungsgemäße Einhaltung des Entwurfs wird durch regelmäßiges Überwachen und Nachprüfen der Ziele, der erwähnten Balanced Scorecards und Projektmeilensteine garantiert. Durchlief das Projekt die einzelnen Phasen bis zur vollständigen Implementierung und stimmen die SOLL- und IST-Ziele überein, so ist das Ziel, eine Implementierung von IT-Governance mittels CobiT, erreicht.

---

[17] Quick Hits bzw. Short Wins sind rasch sichtbare Erfolge bzw. Ergebnisse innerhalb einer Projektphase, um die Motivation zu steigern und den Nutzen eines Projektbereichs sichtbar zu machen; siehe beispielsweise http://www.umsetzungsberatung.de/projekt-management/quick-hits.php.
[18] Weitere Informationen auf http://www.balancedscorecard.org/basics/bsc1.html

6 Neue Ansätze/Weiterentwicklungen

6.1 CobiT Online

Bei CobiT Online handelt es sich um die web-basierte Variante, die sowohl für Benutzer als auch für Unternehmen, die in naher Zukunft planen CobiT zu implementieren, von Interesse ist. CobiT Online bietet einfachen und schnellen Zugriff auf Best Practices, Diskussionsforen, maßgeschneiderte Anleitungen, Möglichkeiten zur Durchführung von Benchmarks, Suchfunktionen und vieles mehr.

CobiT Online ist eine schlankere, benutzerfreundlichere Erweiterung zu CobiT und für jede Person mit Internetanschluss zugänglich. Die erste Version von CobiT Online wurde Ende 2003 von dem ITGI entwickelt und liegt mittlerweile in der Version 3.2 vor. Es zeigt, dass dieser Ansatz von CobiT ständig, durch Benutzer-Feedback erweitert und aktualisiert wird.

CobiT Online gibt es in mehreren Abstufungen. Das reicht von einer *Baseline* (mit reduzierten Downloads), einer *Basic Subscription*, einer *Full Subscription* bis hin zur kompletten *Full Subscription* inklusive Benchmarking. Zudem gibt es *MyCobiT*, das einem erlaubt, seine eigene Version von CobiT auf dem Desktop z. B. in Word- oder Access-Formaten zu konstruieren und downzuloaden [ISBO04], [ISACA01].

6.2 CobiT Quickstart

Quickstart wurde von dem ITGI speziell für KMUs und größere Unternehmen, zur schnellen und einfachen Einführung von CobiT entwickelt, um auch nichttechnischen Mitarbeitern oder Managern IT-Governance nahe zu bringen und einzuführen. Quickstart kann als CobiT Lite verstanden werden. Es handelt sich dabei um eine zusammengefasste Version der CobiT-Ressourcen, mit gesondertem Fokus auf die wichtigsten IT-Prozesse und Kontrollziele. Sie ist so gefasst, dass sie schnell und einfach den Nutzen von CobiT widerspiegelt. Quickstart ist auch für Unternehmen, in denen die IT nur gering am Geschäftserfolg teilnimmt, aber dennoch vorhanden ist, ein geeignetes Mittel, um IT-Governance einzuführen und die Relevanz von IT-Governance zu unterstreichen [ISBO04], [ISACA01].

6.3 CobiT Control Practices

CPS (Kontrollmethoden) sind in 2004 von dem ITGI geschaffene Kontrollmechanismen, die das Erreichen von Kontrollzielen ebenso wie die Verhinderung, Entdeckung und Korrektur von nicht gewünschten Ereignissen unterstützen sollen. Durch verantwortungsvolles Nutzen der Ressourcen, ein angemessenes Risikomanagement und das korrekte Ausrichten der IT auf den Geschäftsbetrieb, sollen diese Kontrollmechanismen unterstützt werden. Diese Erweiterung von CobiT zeigt das Wie und Warum der 34 IT-Prozesse auf. Zudem erweitern die CobiT Control Practices die Reichhaltigkeit von CobiT, indem sie zusätzliche Detaillierungsgrade bereitstellen, die der Markt fordert. Dazu gehören:

- Der höhere Fokus auf die Implementierung
- Die Frage, wie jeder Prozess für das Controlling und Risikomanagement helfen kann, usw.

Jede IT-CPS erweitert CobiT durch einen höheren Detaillierungsgrad. Die IT-Prozesse, Geschäftsanforderungen und detaillierten CPS von CobiT definieren, was nötig ist, um eine effektive Kontrollstruktur zu schaffen. Die CPS sind in der CobiT Online Full Subscriber Version enthalten, aber auch zusätzlich downloadbar. Sie bieten CPS für jeden der 34 IT-Prozesse [ISBO04], [ISACA01].

6.4 CobiT Security Baseline

Zu einem der Hauptrisiken in der IT zählt die Sicherheit. Aus diesem Grund wurden 2004 von dem ITGI die CBSB (die aktuellste Erweiterung zu CobiT) entwickelt. Dadurch soll das Hauptaugenmerk auf die IT-Sicherheit gelegt werden, der einfach gefolgt werden kann und die leicht zu implementieren ist. Die CBSB sind durch ihre Einfachheit für alle Unternehmensgrößen geeignet und enthalten unter anderem:

- Nützliches Hintergrundwissen, z. B. über IT-Sicherheit
- Die eigentlichen CBSB mit den Kontrollen
- „IT-Sicherheits Survival Kits", mit notwendigen Mitteilungen für Management, Anwender, etc.
- Eine Zusammenfassung mit technischen Sicherheitsrisiken

[ISBO04], [ISACA01]

6.5 CobiT in Academia

CobiT in Academia ist im eigentlichen Sinne keine Erweiterung von CobiT für die betriebliche Praxis. Es wurde aus der Not CobiT an Universitäten und in Seminaren zu lehren heraus entwickelt und wird voraussichtlich Anfang 2005 verfügbar sein. Geschaffen wurde es von Akademikern in mehreren Workshops, die bereits CobiT in den Klassenzimmern lehren, um CobiT in Curricula und Kursen aus den Bereichen IT-Management, IT-Sicherheit, IT-Audit, etc. zu präsentieren und zu erklären. Enthalten in CobiT in Academia sind ein Studentenbuch, sowie diverse Präsentationen, Case Studies und Übungen [ISBO04], [ISACA01], [PAT04].

6.6 Weitere Entwicklungen

Eine weitere wichtige Entwicklung zu CobiT sind die *IT Control Objectives for Sarbanes-Oxley*. Durch diese Kontrollziele wird gezeigt, wie CobiT mit dem COSO-Framework in Einklang gebracht und eine IT-Kontrolllösung für den SOA gebildet werden kann.

Der *IT Governance Implementation Guide* ist eine weitere Ergänzung, die Möglichkeiten für Methoden bietet, wie IT-Governance unter Zuhilfenahme von CobiT implementiert oder verbessert werden kann [ISBO04], [ISACA01].

7 Praxis

7.1 Praxisrelevanz

Mit dem Inkrafttreten des SOA 2002 für amerikanische Unternehmen begann eine neue Ära in der Unternehmensführung. Speziell Section 404 des SOA[19] fordert die Einführung eines internen Kontrollsystems bzw. eines stabilen, sicheren IT-Systems. Besonders betroffen ist die IT-Kontrolle, IT-Sicherheit und IT-Risikoeinschätzung in Unternehmen. Hierbei kann CobiT enorme Unterstützungsarbeit leisten, z. B. mit seinen *IT Control Objectives for Sarbanes-Oxley.* Um ihr Unternehmen pflichtgemäß SOA-konform zu machen, nutzen daher viele Unternehmen CobiT in Zusammenhang mit dem COSO-Framework. CobiT deckt dabei den Part der Kontrollen der IT ab und COSO den Part der Kontrollen finanzieller Prozesse.

In Abbildung 14 wird CobiT in Vergleich zu anderen Modellen, durch Einordnung in den Detaillierungs- und Vollständigkeitsgrad, gesetzt.

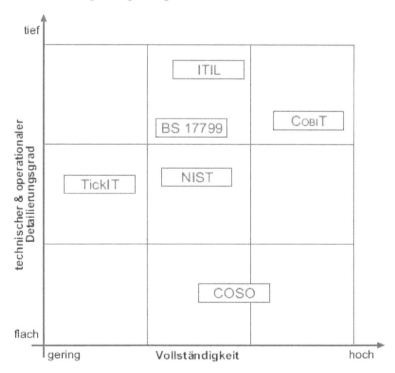

Abbildung 14: Einordnung verschiedener Modelle (in Anlehnung an [HES04])

Aber CobiT ist nicht nur für Unternehmen, die vom SOA betroffen sind, relevant, sondern für alle Unternehmen, die überwiegend auf IT setzen. Wie erfolgreich CobiT nicht nur für SOA-betroffene Unternehmen ist, kann man an der weiten Verbreitung in der wirtschaftlichen Praxis sehen. Fast alle großen Wirtschaftsprüfungsunternehmen und Consultings verweisen auf

---

[19] Section 404 ist einer von mehreren, wichtigen Absätzen des SOA. Enthalten sind diverse Anforderungen, die ein Unternehmen zu erfüllen hat. Für eine ausführlichere Beschreibung, siehe http://www.sarbanes-oxley.com/.

CobiT und verwenden es, wenn es darum geht IT-Governance einzuführen, IT zu prüfen, Risiko zu managen, etc. Das liegt daran, dass CobiT die Wichtigkeit der IT in der Unternehmenswelt unterstreicht und die IT heute kaum aus den Geschäftsprozessen wegzudenken ist. CobiT ist nicht nur für Revisoren geeignet, sondern auch ein Instrument für jede Informatikabeilung, z. B. zur Durchführung von Self-Assessments oder Healthchecks [FOX04], [WEN104], [WEN204], [MZK03], [SOX04].

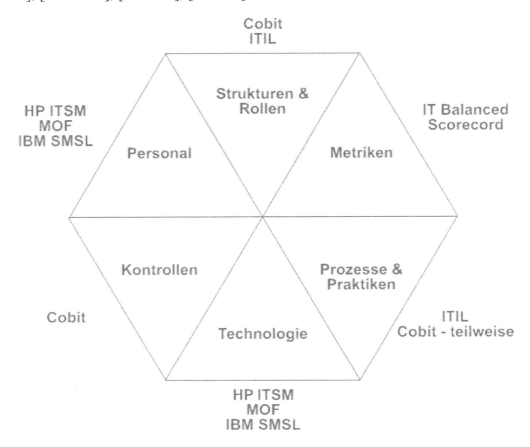

Abbildung 15: Positionierung von IT-Rahmenwerken (in Anlehnung an [SAL04])

Abbildung 15 verdeutlicht die Stellung von CobiT im Vergleich zu anderen IT-Rahmenwerken und unterstreicht die Relevanz des Referenzmodells, sowie die Möglichkeit die diversen Rahmenwerke miteinander zu verbinden, um mehrere Bereiche des IT-Managements gleichzeitig und effektiv abdecken zu können.

7.2 Success Stories

Viele – überwiegend amerikanische - Unternehmen, vor allem aus den Bereichen Consulting, Bildung, Finanzwesen, Gesundheitswesen, Produktion (u. a. DaimlerChrysler, Philips International BV), Transport, Energieversorgung und weitere Institutionen (u. a. META-Group), aber auch Behörden (u. a. vom amerikanischen Verteidigungsministerium) haben CobiT bzw. IT-Governance erfolgreich in ihre Institution implementiert [ISACA01].

8 Fazit

8.1 Bewertung bzw. Kritik anhand einer SWOT-Analyse[20]

8.1.1 Stärken

Bei CobiT handelt es sich um einen offenen, internationalen Standard, der völlig plattformunabhängig arbeitet. Es handelt sich um ein geeignetes Rahmenwerk und dient als Wissensbasis für IT-Prozesse und IT Management, sowie für die Einführung bzw. Unterstreichung der Bedeutung von IT-Governance. Das Referenzmodell eignet sich zudem, um die Grundlagen ordnungsgemäßer Buchführungssysteme (GoBS) durchzusetzen. Mit CobiT kann eine interne Kontrollumgebung in fast jedem Unternehmen, das IT einsetzt, geschaffen werden. Es ist ein generell einsetzbares, weit verbreitetes, akzeptiertes und allgemein etabliertes Referenzmodell für Best Practices im Bereich der Informations- und IT-Kontrolle. Für die komplette IT- und Audit-Gemeinschaft ist es gut verständlich. CobiT richtet sich zudem an das Management und ist für diese Gruppe ebenfalls gut nachvollziehbar.

Das Referenzmodell bildet sich zu dem Standard der internen und externen Revision. CobiT wird als einzig wahres IT-Governance Modell propagiert. Da es aus einer Reihe von diversen Praktiken und Standards entwickelt wurde, ist es somit kompatibel mit einer ganzen Reihe von Standards. Das Rahmenwerk richtet sich nicht an eine spezielle Art von Unternehmen. Es wird sowohl von KMUs als auch von großen Konzernen, unabhängig von der internen Struktur oder Rechtsform eines Unternehmens, eingesetzt.

8.1.2 Schwächen

CobiT wird vorgeworfen, dass es sich um kein Referenzmodell handelt, was einfach „aus der Büchse" heraus implementiert werden kann. Eine Implementierung muss gut durchdacht und geplant werden und ist mit einem großen Zeitaufwand und auch Erfahrung verbunden, die meist nur extern beschafft werden kann. Zudem muss CobiT in jedem Anwendungsfall neu angepasst und überprüft werden.

CobiT enthält eine Reihe von Prozessen, versucht diese aber in Kapitel bzw. *Domains* zu untergliedern. Bei dem Versuch alle Prozesse umfassend zu verstehen, scheitert man jedoch recht schnell an der Komplexität. Für die einzelnen Mitarbeiter ist es eine große Herausforderung, sämtliche Prozesse zu kennen und das Zusammenwirken zu verstehen. Das kann und soll auch nicht von allen Mitarbeitern verlangt werden. Andere Lager behaupten, dass CobiT

---

[20] Folgende Ausführungen sind Zusammenfassungen aus den bisherigen Ausführungen. Folgende Literaturquellen wurden verwendet: [COFR00], [KOR04], [HES04], [FLHU02], [ISCH04], [BRU04], [ITR04], [BIT04], [SYM04], [BAME03], [ARPO04], [MIC04], [WIL04], [SAL04].

schwerfällig, nicht anwenderfreundlich, selbsterklärend und verständlich ist. Für Nicht-Spezialisten mag dies zutreffen. Andererseits entschärfen die neueren Versionen und Veröffentlichungen diese Aussage, da versucht wurde mit diversen Zusatzdokumenten die Verständlichkeit der Materie zu vereinfachen.

Um CobiT einsetzen zu können, muss das komplette Rahmenwerk und zudem die Bedeutung von IT-Governance verstanden werden. Das kann wiederum sehr zeitaufwendig sein. Eine Einführung von IT-Governance hat zudem für viele, dem oberen Management unterstellte Mitarbeiter, häufig keinen direkt ersichtlichen Nutzen und kann daher intern auf Widerstand treffen.

CobiT ist für diverse Autoren kein geeignetes Referenzmodell für eine ordnungsgemäße Risikoanalyse im eigentlichen Sinne und vernachlässigt den Sicherheitsgedanken ein wenig. Es kann und sollte nicht als IT-Sicherheitshandbuch eingesetzt werden (hier gibt es geeignetere Modelle wie den BS, die aber eventuell mit CobiT kombiniert werden können).

8.1.3 Chancen

Die Chancen von IT-Governance können als Ziel des Konzepts verstanden werden. Die neueren Erweiterungen zu CobiT können diesen Ansatz zu dem de facto Standard im Bereich IT-Governance und interner/externer Revision machen. CobiT Quickstart versucht beispielsweise CobiT schnell und effektiv zu implementieren und somit den Zeitaufwand zu verringern. Die CobiT Security Baselines unterstreichen die Wichtigkeit von IT-Sicherheit und könnten z. B. bestehende Standards aus diesem Bereich (wie z. B. BS17799) verdrängen.

Die praktische Umsetzung der Prozesse kann die Transparenz über die Kontrolle von Kosten, Qualität und Risiken der Informationsleistungen bringen. Im Bereich der SOA-, COSO-, SAS-Evaluierung entwickelt sich CobiT mit seinen Hilfsmitteln mehr und mehr zu einem unabdingbaren Rahmenwerk, mit dessen Hilfe die Kontrolle des IT-Bereichs abgedeckt werden kann.

Aber auch im normalen Bereich der strategischen Managemententscheidungen und der zunehmenden Relevanz von IT gewinnt CobiT immer mehr an Bedeutung. In Zusammenhang mit ITIL und BS17799, aber auch Kombinationen mit anderen Standards, kann es implementiert werden, um große Bereiche im IT-Management abzudecken. Durch die zunehmende Standardisierung von ITIL und CobiT kann die Kombination der beiden dazu verwendet werden, mit Stakeholdern dieselbe Sprache zu sprechen.

8.1.4 Risiken

Eine Falschausrichtung ist ein großer Risikofaktor von CobiT. Wird CobiT unvollständig oder falsch implementiert, kann dies erhebliche Folgen haben. Die Geschäftsziele können fehlerhaft oder gar nicht unterstützt, und somit die Chancen von CobiT vergeudet werden.

Die IT kann dauerhaft als Black-Box missverstanden werden, so dass die Prozessabläufe falsch verstanden oder sogar völlig außer Acht gelassen werden. Das Ziel einer Kontrolle der IT kann vor lauter Prozessen verloren gehen. Zudem kann ein Defizit zwischen den Maßnahmen des Managements und den Erwartungen des Managements entstehen.

Das Kernwissen rund um CobiT kann an Schlüsselpersonen gebunden werden. Die Organisation als Ganzes wird dabei komplett vernachlässigt. Es kann auch sein, dass dem IT-Facharbeiter durch die Prozessoptimierung Freiheiten genommen werden und dies zu Widerständen bei den Mitarbeitern führt.

Aus den einzelnen Nachteilen können schließlich exorbitante Kosten für die IT, allgemeine Unkosten, enorme Zeitaufwendungen, falsche Investitionsentscheidungen, ungenaue Prognosen, u. v. m. entstehen.

8.2 Eignung als Service-Management-Modell

CobiT kann dazu verwendet werden, Service-Management Prozesse in einem Unternehmen abzubilden. Abbildung 16 zeigt, wie eng IT-Governance und IT-Service Management verknüpft sind.

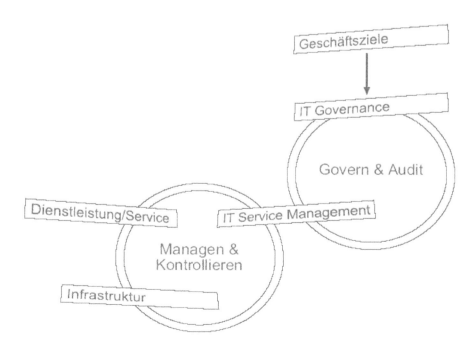

Abbildung 16: Zusammenhang ITSM und IT-Governance (in Anlehnung an [SAL04])

CobiT bietet für das Service Management die Delivery & Support Domäne an. Jedoch sind die Prozesse nicht so detailliert wie beispielsweise dem de facto Service-Management Standard ITIL (siehe auch 4.6). Beide Standards können aber zusammen verwendet werden, um in diesem Gebiet noch stärker agieren zu können. Dies spiegelt sich auch in diversen Expertenmeinungen wider:

„[…]*CobiT gilt als sehr gutes umfassendes Werk, das fast alle wesentlichen Prozesse im IT-Unternehmen abdeckt. Jedoch nicht aus einer klassischen Prozess-Sicht, sondern aus einer Revisions- und Controlling Sicht. Daher ist es aus meiner Sicht für die Prozessmodellierung nicht so gut als Basis geeignet. (Hier gibt es andere Modelle wie z. B. ITIL im Service-Management - auch wenn CobiT im Prinzip auch einen Teil der ITIL-Prozesse mit abdeckt)*[…]“ [JB04]

„[…]*CobiT geht über das (IT)Service Management hinaus und betrachtet alle Prozesse zum Einsatz von IT im Unternehmen (von der Strategie bis zur Revision); Stichwort IT-Governance. Dafür geht es in den reinen IT-Produktions-Prozessen nicht so in die Tiefe wie z. B. ITIL.*[…]“ [TF04]

„[…]*CobiT deckt selbstverständlich auch Service Management Funktionen ab, jedoch nicht auf demselben Detaillierungsgrad wie z. B. das ITIL-Framework. Es sollte jedoch keine Widersprüche zwischen CobiT und ITIL geben.*[…]“ [PRB04]

Literatur- und Quellenverzeichnis

Bücher

[COFR00]   Information System Audit and Control Foundation: "CobiT Framework", IT Governance Institute, Rolling Meadows, IL, US 2000.

[HOHU03]   Hochstein, A.; Hunziker, A.: "Serviceorientierte Referenzmodelle des IT-Managements" in „Strategisches IT-Management", 1. Auflage, Seite 45-55, Dpunkt Verlag, Heidelberg 2003.

[SCSE04]   Schmelzer, Sesselmann: „Geschäftsprozessmanagement in der Praxis", 4. Auflage, Seite 46, Hanser Verlag, München Wien 2004.

Zeitschriftenartikel

[BGSZ04]   Booker, Garnder, Steelhammer, Zumbakyte: „What is your appetite? The Risk IT-Model", In: Information Systems Control Journal, Volume 2, Seite 33-37, 2004.

[FLHU02]   Frownfelter-Lohrke, C.; Hunten, E. H.: „ New Opportunities for information systems auditors: Linking SysTrust do CobiT", In: Information Systems Control Journal, Volume 3, Seite 45-48, 2002.

[FOX04]   Fox C.: „ Sarbanes-Oxley – Considerations for a framework for IT financial reporting controls", In: Information Systems Control Journal, Volume 1, Seite 52-54, 2004.

[HES04]   Heschl, J.: „ CobiT in relation with other international Standards", In: Information Systems Control Journal, Volume 4, Seite 37-40, 2004.

[ISBO04]   Information System Audit and Control Association: "ISACA Bookstore 2005 Catalog", IT Governance Institute, Rolling Meadows, IL, USW 2000.

[KOR04]   Kordel, L.: „IT Governance Hands-on: Using CobiT to implement IT Governance", In: Information Systems Control Journal, Volume 2, Seite 39-45, 2004.

[MZK03]   Meyer, M.; Zarnekow, R.; Kolbe, L.: „IT-Governance Begriff, Status quo und Bedeutung", In: Wirtschaftsinformatik, Nr.

04, Seite 445-448, 2003.

[PAT04]   Pattinson M.: „CobiT: An ideal tool for teaching information security management", In: Information Systems Control Journal, Volume 6, Seite 33-36, 2004.

[WEN104]   Wenger B.: „ Sarbanes Oxley Act: Wächst jetzt der Druck auf das IT-Management", In: ISACA Newsletter, Nr. 69, Seite19-21, 2004.

[WEN204]   Wenger B.: „SOA als Katalysator zur IT-Optimierung", In: Computerwelt, Nr. 13, Seite19, 2004.

BEITRÄGE AUS DEM WORLD WIDE WEB

[ARPO04]   Arentsen, M.; van der Poel, Karel: "SOFTWARE TOOLING FOR THE BEST
PRACTICES OF IT GOVERNANCE", IT Service Management Forum,
http://en.itsmportal.net/binaries/Whitepaper-Tooling-20040420.pdf,
(zuletzt abgerufen am 20.12.04)

[BAAD04]   Baurschmid, M.; Adelsberger, H: "IT-Performance Management",
Universität Duisburg-Essen, http://vawi74.wi-inf.uni-
essen.de/ss04itorga/ITO04_08_IT_PerformanceMgmt_Teil1.pdf,
(zuletzt abgerufen am 20.12.04)

[BAME03]   Baetzner, C.; Meyer, H.: "Novell Tour 2003", Firma Cambridge Technology Partners,
http://www.cambridge-germany.com/pdf/ downlo-
ad/ITRiskoManagement_NovellTour03.pdf, (zuletzt abgerufen am
20.12.04)

[BIT04]   Bitterli, P.: "Control Objectives for Information and Related Technology", Firma Bitterli Consulting AG, http://www.bitterli-
consulting.ch/deutsch/pagesnav/frames.htm, (zuletzt abgerufen am
19.12.04)

[BRU04]   Bruusgaard, E.: "CobiT - Das IT-Governance Modell", Firma Serview Business Company,
http://www.serview.de/content/itsm/was_ist_cobit/03-
cobit_ueberblick/view, (zuletzt abgerufen am 19.12.04)

[CAM02]   Cameron, A: "ITIL and Beyond", Firma PinkRoccade,
            http://www.pinkroccade.co.uk/Images/14_23282.pdf, (zuletzt abge-
            rufen am 20.12.04)

[CIU04]   Control IT User Group: "Control Objectives for Information and
            Related Technology", Control IT User Group,
            http://www.controlit.org, (zuletzt abgerufen am 19.12.04)

[EZC04]   unbekannt: "CobiT Tutorial", unbekannt, http://www.ezcobit.com,
            (zuletzt abgerufen am 19.12.04)

[FEY04]   Fey, T.: "Control Objectives for Information and Related Techno l-
            ogy ", Firma Fey IT Revision & IT Sicherheit,
            http://www.thomasfey.de/IT-Revision/Hintergrund_IT-
            Revision/hintergrund_it-revision.html, (zuletzt abgerufen am
            19.12.04)

[FÜL04]   Fülscher, J.: "Control Objectives for Information and Related
            Techno logy", Firma Kopfwerker AG,
            http://www.kopfwerker.ch/_pages/material-cobit.php , (zuletzt ab-
            gerufen am 19.12.04)

[GAU04]   Gaulke, M.: "Management von operativen Projekten", White Paper,
            http://risikomanagement-in-it-projekten.de/IT-Risiken/IT-
            Sicherheit/CObIT/cobit.html, (zuletzt abgerufen am 19.12.04)

[GLE04]   Glenfis AG: "ITIL-CobiT Mapping", Firma Glenfis AG,
            http://www.glenfis.ch/deutsch/gf52-ITILCobitForm.html, (zuletzt
            abgerufen am 19.12.04)

[HITO04]   Hill, I.; Toman, C.: "Using the CobiT framework to drive ICT gov-
            ernance improvements at Curtin University of Technology ",Curtin
            University of Technology,
            http://www.its.uq.edu.au/ITPlanningDay/Ian_Hill2.pdf, (zuletzt
            abgerufen am 20.12.04)

[HOCO04]   Hoekstra, A.; Conradie, N.: "CobiT, ITIL and ISO17799
            How to use them in conjunction", IT Service Management Forum,
            http://www.itsmf.org.za/Presentations/Presentations2002/CobiT%2
            0ITIL%20and%20BS7799.pdf, (zuletzt abgerufen am 20.12.04)

[IIA04]   Institut of internal audit: "Control Objectives for Information and
            Related Technology ", Institute of internal audit,

	http://www.theiia.org, (zuletzt abgerufen am 19.12.04)
[IIA04]	Institute of internal audit: "Control Objectives for Information and Related Technology ", Institut of internal audit, http://www.theiia.org, (zuletzt abgerufen am 19.12.04)
[ISACA01]	Information System Audit and Control Association: Control Objectives for Information and Related Technology (CobiT), 3rd Edition, http://www.isaca.org/cobit.htm (zuletzt abgerufen am 19.12.2004)
[ISCH04]	Information System Audit and Control Association Chapter Schweiz: "Control Objectives for Information and Related Technology", http://www.isaca.ch (zuletzt abgerufen am 20.12.04)
[ISDE98]	Information System Audit and Control Association Chapter Deutschland: "Grundlagen", http://www.isaca.de (zuletzt abgerufen am 18.1.05)
[ITA04]	Fey, T.: "Control Objectives for Information and Related Technology", Firma Fey IT-Revision & IT-Sicherheit, http://www.it-audit.de, (zuletzt abgerufen am 19.12.04)
[ITGI03]	IT Governance Institut.: „IT Governance für Geschäftsführer und Vorstände ", Briefing der KPMG und des IT-Governance Instituts, http://www.itgi.org, (zuletzt abgerufen am 20.12.04)
[ITGI04]	Information Technology Governance Institute: "IT-Governance & CobiT", ITGI, http://www.itgi.org, (19.12.2004)
[ITR04]	IT Resulting GmbH.: "ITIL & Control Objectives for Information and Related Technology ", Firma IT Resulting GmbH, http://www.it-resulting.com, (zuletzt abgerufen am 19.12.04)
[ITR04]	IT Resulting GmbH: "ITIL & Control Objectives for Information and Related Technology ", Firma IT Resulting GmbH, http://www.it-resulting.com, (zuletzt abgerufen am 19.12.04)
[ITS04]	ITSM.: "Control Objectives for Information and Related Technology ", Firma IT Service Management Institute, http://www.itsmi.de, (zuletzt abgerufen am 19.12.04)
[MIC04]	Michel, P.: "IT-Optimierung mit IT-Broker und Service Portfolio Management ", Universität Zürich, http://www.ifi.unizh.ch/egov/Diplom_Michel.pdf, (zuletzt abgerufen am 20.12.04)

[NCC04]   NCC Consulting GmbH: "CobiT Overview Workshop", Firma
              NCC Consulting GmbH,
              http://www.ncc-consulting.de/wDeutsch/
              downloads/folder_CObIT_Overview_Workshop_H321D.pdf,
              (zuletzt abgerufen am 20.12.04)

[PAN04]   Pang, L.: "CobiT: Not Just Another Acronym", Information Re s-
              source Management College,
              http://www.ndu.edu/irmc/elearning/newletters/newletters_pdf/itt09
              02.pdf, (zuletzt abgerufen am 20.12.04)

[RYC04]   Ridley, R.; Young, J.; Carroll, P.: "CobiT and its Utilization: A
              framework from the literature", Forum IEEE,
              http://csdl.computer.org/comp/proceedings/hicss/2004/2056/08/205
              680233.pdf, (zuletzt abgerufen am 20.12.04)

[SAL04]   Sallé, M.: " IT Service Management and IT Governance", Firma
              HP, http://www.hpl.hp.com/techreports/2004/HPL-2004-98.pdf,
              (zuletzt abgerufen am 20.12.04)

[SOX04]   SOX-Online: "COSO & CobiT Center", SOX-Online,
              http://www.sox-online.com/coso_cobit.html, (zuletzt abgerufen am
              19.12.04)

[STE04]   Stebbings, H.: "Combining Governance & Performance Frame-
              works", IT Service Management Forum,
              http://www.itsmf.com/upload/conference2002/ Hea-
              ther%20Stebbings%20-%20COBIT%20&%20ITIL.pdf, (zuletzt
              abgerufen am 20.12.04)

[SYM04]   Symantec AG: "Information Security and Sarbanes-Oxley ", Firma
              Symantec AG,
              http://enterprisesecurity.symantec.com/article.cfm?articleid=3331&
              EID=0 , (zuletzt abgerufen am 19.12.04)

[WIL04]   Wildhaber, B.: "Tools zur Umsetzung von IT Governance & Die
              Rolle von IT Sicherheit und IT Revision", Firma Wildhaber Con-
              sulting, http://www.wildhaber.com, (zuletzt abgerufen am
              20.12.04)

E-Mail-Kontakte

[JB04]   Johannes Bergsmann, Firma Software Quality Lab, AU,
           info@software-quality-lab.at

[PRB04]   Peter R. Bitterli, Firma Bitterli Consulting AG, CH, prb@bitterli-
           consulting.ch

[TF04]   Thomas Fey, http://www.it-audit.de, D, TFey@it-audit.de